少年口才

"人来疯"夏小佐

礼貌待人跟"我"学

时间岛图书研发中心 ©编绘

北京时代华文书局

图书在版编目（CIP）数据

少年口才班. "人来疯"夏小佐 / 时间岛图书研发中心编绘. -- 北京：北京时代华文书局，2021.6
ISBN 978-7-5699-4197-5

Ⅰ. ①少… Ⅱ. ①时… Ⅲ. ①口才学－少儿读物 Ⅳ. ① H019-49

中国版本图书馆CIP数据核字（2021）第114103号

少年口才班　"人来疯"夏小佐
SHAONIAN KOUCAIBAN "RENLAIFENG" XIA XIAOZUO

编 绘 者｜时间岛图书研发中心
出 版 人｜陈　涛
选题策划｜郄亚威
责任编辑｜石乃月
封面设计｜王淑聪
责任印制｜刘　银

出版发行｜北京时代华文书局 http://www.BJSDSJ.com.cn
　　　　　北京市东城区安定门外大街138号皇城国际大厦A座8楼
　　　　　邮编：100011　电话：010-64267955　64267677
印　　刷｜唐山富达印务有限公司　电话：022-69381830
　　　　　（如发现印装质量问题，请与印刷厂联系调换）
开　　本｜787mm×1092mm　1/32　印　张｜1.5　字　数｜16千字
版　　次｜2021年6月第1版　　　印　次｜2021年6月第1次印刷
书　　号｜ISBN 978-7-5699-4197-5
定　　价｜160.00元（全10册）

版权所有，侵权必究

礼貌待人
温暖你我他

- 团结友爱 **多礼让**
- 公共场合 **不喧哗**
- "人来疯" 要不得
- 说真话 赢得信任
- 行为举止 有礼貌

主人公登场

夏小佐

个人简介

不太守规矩,酷爱新鲜事物,任何场合都能玩得很嗨的夏小佐

夏小佑

个人简介

成绩超好,举止优雅,爱帮助别人的暖心小女孩夏小佑

贾博

个人简介

喜欢认识新朋友,口才一级棒,有时候却粗心大意到让人抓狂的贾博

米娜

个人简介

爱吃草莓,胆子小,说话温柔,爱哭又爱笑的米娜

柏丽尔

个人简介

喜欢扎马尾辫,热爱小动物的高个子女生柏丽尔

小佐妈妈

个人简介

注重形象,做得一手好菜,却害怕猫的小佐妈妈

小佐爸爸

个人简介

慢条斯理,经常挨妈妈批评的小佐爸爸

雪老师

个人简介

有学问又有耐心,非常了解孩子的班主任雪老师

苗校长

个人简介

和蔼可亲,又不失幽默风趣的胖胖的苗校长

目 录 MULU

故事 1 刘奶奶的耳朵真奇怪　　001

主演

客串

故事 2 当组长有什么了不起　　009

主演

客串

故事 3　谢谢你，小陌　　017

主演

故事 4　你的声音真好听　　025

主演

客串

故事 5　"人来疯"夏小佐　　034

主演

客串

礼貌待人是中华民族的传统美德，小朋友从小就要养成讲文明、懂礼貌的好习惯。

受到别人帮助时要说"谢谢"；当你无意中妨碍了别人或给别人添了麻烦时，要主动说"对不起"；道别时要互相说"再见"。

礼貌待人是待人接物的基本准则，在生活中，我们要做到和气、文雅，不讲粗话、脏话，不强词夺理，不恶语伤人，做个讲文明、懂礼貌的好孩子。

故事 1

刘奶奶的耳朵真奇怪

10,9,8,7……

夏小佐紧紧地盯着黑板上面的钟表,默默地在心里祈祷:"晚上6点《乐多多特工队》就要大结局了,亲爱的曹老师千万不要拖堂啊……"

终于,在距离放学时间还有20秒的时候,曹老师说:"今天的课就到这里,下课。"

"曹老师万岁!"

夏小佐抓起书包,一溜烟儿地冲出教室。为

了快点到家,他钻进一条窄窄的小巷子,低着头急匆匆地往前走。

"夏小佐,等等我。"贾博追过来,好奇地问,"你跑这么快,是不是想回家看《乐多多特工队》的大结局?"

"难道你也在追《乐多多特工队》?"夏小佐吃惊地看了贾博一眼。贾博满脸自豪地说:"我可是《乐多多特工队》的忠实粉丝呢!"

"别说了,快跑吧,马上就要开始了。"夏小佐加快速度跑了起来,贾博赶紧追了上去。

跑到巷子中间的时候,他们突然停住了。前面有位老奶奶骑着三轮车慢悠悠地前进着,把路挡住了。

"怎么办？老奶奶骑得太慢了。"夏小佐急得抓耳挠腮。突然，他灵机一动，使劲拍着手，大声喊道："让开！让开！让开！"

可是，老奶奶好像没听见，依然慢吞吞地走着，连头也没回一下。

"你的声音太小了，看我的！"贾博深吸了一口气，扯着嗓子大声喊道，"我们要看动画片，老奶奶你快让开！"

可老奶奶的耳朵像是被关上了一样，还是没听见。夏小佐和贾博过不去，只能跟在老奶奶后面干着急。

"你们俩怎么垂头丧气的?"做完值日的夏小佑和米娜追了上来,米娜的家就在小巷子的尽头。

"我们想回家看《乐多多特工队》,可是老奶奶把路挡住了。"

"我们喊了半天,她也听不见。"

夏小佐和贾博像受气包似的,向她俩诉苦。米娜抬眼看了看老奶奶,惊讶地说:"这是我家邻居刘奶奶,没听说她的耳朵有毛病啊,怎么会听不见呢?我去试试。"

米娜快跑两步追上刘奶奶,彬彬有礼地说:"刘奶奶,您能让我们先过去吗?我们要回家看动画片。"

刘奶奶转过头,笑眯眯地说:"是米娜呀!好好好,你们先过去吧!"她把三轮车往旁边挪了挪,留出了一条窄窄的小路。

四个小伙伴从小路上挤过去，贾博撒腿就要跑，夏小佐却歪着脑袋看着刘奶奶发呆。

"刘奶奶，您的耳朵出问题了吗？"

"我的耳朵好着呢！就连树叶掉在地上都听得清清楚楚。"刘奶奶笑着说道。

"为什么我和贾博喊得那么大声，您都听不见，米娜只是轻轻说了一句，您就听见了呢？"

夏小佐更想不通了。

刘奶奶摸着自己的耳朵说："那是因为我的耳朵年纪大了，胆子特别小。听到刺耳的、没有礼貌的声音，它们就会害怕地躲起来；听到好听的、有礼貌的声音，它们才会出来工作。"

刘奶奶的话刚说完，夏小佐和贾博的脸"噌"的一下就红了。

"对不起，我们刚才太着急了。"

"我们太粗鲁了，刘奶奶，请您原谅我们吧！"

他们低着头,不敢看刘奶奶的眼睛。

刘奶奶笑呵呵地说:"小事一桩,不用放在心上,快回家吧!"

"嗯！"四个小伙伴相视一笑，蹦蹦跳跳地回家了。

经过这么一番折腾，动画片早就结束了。夏小佐想起刚才发生的事，后悔极了。要是一开始就能像米娜那样，彬彬有礼地和刘奶奶说话，就不会发生这样的事了。他万万没想到，礼貌会有这么大的影响。他悄悄告诉自己，以后一定要时刻注意自己的言行，再也不能让这样的事发生了。

至于《乐多多特工队》的结局是什么，只能以后有机会再看重播了。

老师说

不管你口才多么好,说出来的话多么有文采,如果举止粗鲁无礼,就会让人非常反感。所以,文明礼貌是好口才的基础,做一个文明懂礼的人,才能受人欢迎。

故事 2

当组长有什么了不起

今天下午最后一节课,学校进行大扫除。为了顺利完成任务,曹老师把全班分成了五个组:一组负责把椅子放到桌子上,二组擦玻璃,三组打水墩地,四组打扫楼道,五组去卫生区,把垃圾和树叶清扫干净。

夏小佐、夏小佑、米娜、贾博,还有另外三个同学被分到了第五组。

"曹老师，是不是每个组都要有一个组长啊？"夏小佐直勾勾地盯着曹老师，两只眼睛闪闪发光。

"没错，"曹老师点点头，"每个组都要有组长，夏小佐就当第五组的组长吧。"

"谢谢曹老师！"

夏小佐转过身，冲着自己的组员们挥一挥手说："第五组的同学拿上工具跟我来。"他说话的样子好神气啊！曹老师都忍不住偷偷地笑了起来。夏小佐他们班的卫生区在操场的西侧，有三棵大杨树的地方。今天中午刮了一阵风，树叶落了一地。

夏小佐像个大将军似的指挥起来：

"你打扫这里!"

"你把树叶扔到垃圾箱里!"

"一定要扫干净!"

"我们只有一节课的时间,大家快点儿干吧!"

贾博笑着说:"夏小佐,你还真有点儿组长的样子!"

"那是！"夏小佐的话逗得大家哄堂大笑。

在一片欢笑声中，七个小伙伴齐心合力，终于把落叶都打扫干净了。他们拿着工具正准备回教室，忽然又起风了。"哗啦啦……"树叶被风吹得乱飞起来。

"哎呀，怎么回事？风为什么总给我们添麻烦？"小伙伴们嚷嚷着，又开始打扫起来。

时间一分一秒地过去，其他班的同学打扫完卫生，都回教室了。夏小佐看了一眼手表，还有3分钟就要放学了。他有点儿着急，不停地催促道："快！快！快！大家都加油啊！"

扫着扫着，贾博突然发现一只红色的小虫子趴在一片叶子上。

"咦，这是什么虫子？长得真奇怪！"

他小声说了一句。其他小伙伴都好奇地围了过来，歪着脑袋研究这只小虫子。

夏小佐看见他们停了下来，心里突然冒出一股火，他大声吼道："谁让你们停下来的？打扫不完谁也别想回家！"他的声音太大、太突然了，像一把利剑"咔嚓"一声把小伙伴们的好心情全给斩断了。小伙伴们吓了一跳，全都愣住了。

夏小佑从来没听哥哥这样大吼大叫过，吓得心脏扑通扑通乱跳。米娜觉得心里非常委屈，眼泪"啪嗒啪嗒"地掉了下来。贾博把脸扭到一边，不满地嘟囔道："当组长有什么了不起？动不动就对别人大吼大叫，真让人讨厌。哼！"贾博的话让夏小佐的心里一震，他意识到自己刚才的语气确实不太好。不过，男子汉能屈能伸，既然错了那就主动认错吧！

"对不起，我刚才太着急了，不是故意要对你们大吼大叫的。"

夏小佑说："你真的把我们吓坏了。"

"嗯。"米娜含着眼泪点点头。

"你……"贾博刚要说话，放学的铃声响了。曹老师气喘吁吁地跑过来说："还没有打扫完吗？"

"马上就好!"夏小佐和小伙伴们把树叶扫起来,扔进垃圾桶里,跟着曹老师回教室拿书包。其他同学已经排好队在等他们了。

"对……"

夏小佐的话还没说出口,曹老师说:"我们一起背着唐诗回家吧!"

"好!"夏小佐和同学们大声背着唐诗,走出了学校的大门。

"贾博,你在操场上的时候想说什么?"夏小佐追着贾博问。

贾博一字一顿地回答:"我想说,其实你是一个很棒的组长。"

"我向你保证,"夏小佐拍着胸脯说,"以后不管是当组长、班长,还是大队长,我都会好好说话,再也不对你们大吼大叫了。"

老师说

班干部是同学们的榜样,要更加注意说话的方式,不要大吼大叫,不要用很强硬的语气命令别人。用同学们可以接受的语言去发布命令,才会赢得大家的信赖和支持。

故事 3

谢谢你，小佑

手工课老师在课堂上教同学们制作风筝。放学的时候，老师留了一项作业，让同学们利用周末的时间，自己在家里做一个风筝。

夏小佑心灵手巧，很快就做好了一个燕子风筝。夏小佐笨手笨脚，弄坏了十几张纸，折断了5根竹片，还没有把风筝做好。看见夏小佑这么快就做好了，夏小佐又急又气。可他越着急就越做不好，那些彩纸、剪刀、胶水、竹片，好像故意要和他作对似的，搞得他心烦意乱，急出了满头大汗。

"哥哥，我帮你吧！"

夏小佑过来帮忙，夏小佐却不领情，没好气地说："不用，我自己能做好。"

夏小佑没在意，拿起剪刀和彩纸，笑呵呵地说："我帮你剪纸吧，你想要什么样的风筝？金鱼风筝，大象风筝，还是花朵风筝？"

听见夏小佑这么说，夏小佐很不高兴，他从鼻子里哼了一声："哼，好像天底下就你的手最巧似的，天天在我面前显摆。会剪纸有什么了不

起的？我自己也会，才不用你管呢，**多管闲事**！"说着，夏小佐夺过剪刀和彩纸，拿着工具和材料回到了自己的房间。夏小佑的心里酸溜溜的，别提多难过了。

清爽的风从窗口吹进来，身上的汗干了，夏小佐觉得神清气爽，心情渐渐平静下来。

说来也怪，他不急不躁以后，手好像突然变灵巧了，脑瓜也比之前灵光了。他一边回忆着老师教的方法一边动手，不知不觉就把蝴蝶风筝做好了。

"终于做好了，让小佑……"

说到小佑两个字，他忽然想起了刚才的事："妹妹好心要帮忙，我竟然说她多管闲事，真是太过分了。"夏小佐看了一眼他和夏小佑的合影照片，照片中兄妹俩勾肩搭背，笑得比花园里盛开的花还灿烂。

想到这里，夏小佐深吸一口气，把嘴角扬起来，做出一个微笑的表情，然后他打开房门，说："小佑，你能帮我给风筝拍一张照片吗？我拍照的技术太差了。"

"好啊！"夏小佑忘了刚才的不愉快，兴高采烈地跑了过来。

看着夏小佑灿烂的笑脸，夏小佐心里的石头扑通一声落地了："妹妹没生我的气，真好！"

拍照留念之后，夏小佐和夏小佑到公园里放风筝。清风徐徐一吹，风筝慢慢飘起来，飞到了空中。

夏小佐仰头看着风筝，对夏小佑说："小佑，谢谢你。"

这一句没头没尾的话，把夏小佑听糊涂了。

"谢我什么？是你自己把风筝做好的。"夏小佑问。

夏小佐一本正经地说："谢谢你让我知道，拒绝别人的时候也要注意说话的语气和态度，要学会尊重别人。"

"咦？哥哥竟然会说出这样的话！"

夏小佑偷偷看了夏小佐一眼，惊讶地发现，他好像长高了。

老师说

生活中，当我们不需要别人帮助，或无法向别人提供帮助时，都可以拒绝。但要注意自己的语气和态度，永远要把尊重别人放在第一位。

故事4

你的声音真好听

盼望已久的新电影终于上映了。

夏小佐、夏小佑、柏丽尔买好电影票,抱着爆米花,走进了放映厅。

"7排,在前面!"柏丽尔一进门,就大声喊起来。她经常来这家电影院,对里面的布置非常熟悉。

"嘘,小点声儿。"

夏小佐压低了声音,提醒柏丽尔。

"曹老师说过，在公共场合不能大声喧哗。"夏小佑也觉得柏丽尔的声音太大了。

柏丽尔却满不在乎地说："怕什么？我们已经买票了，又不是偷偷溜进来的。"

他们在自己的座位上坐下来，一边吃爆米花一边愉快地聊天。很快，电影开始放映了，聊天的观众们安静下来，目不转睛地盯着银幕。

这是一部喜剧片，主角是一头白色的熊。它一出场,柏丽尔就站起来尖叫道："它就是大白熊，又蠢又笨，笑死人了，哈哈……"

夏小佑拽了拽柏丽尔的裙子，说："柏丽尔，你坐下，声音也太大了，会影响别人看电影的。"

"好吧，好吧！"柏丽尔坐下，不说话了。

可是，才过了几分钟，她又忍不住对夏小佐说："我看过预告片，它会掉进冰窟窿里。"

夏小佐说："我也看过，它还会被蜜蜂追呢。"

"对！对！"

他们忘了自己是在电影院，你一言我一语地聊了起来，声音越来越大，整个放映厅里的人都听见了。前面的人不满地转过身说："你们能不能声音小一点儿？我们都没法看电影了。"

"就是，在公共场所大声喧哗，太没素质了！"

"最怕在电影院遇见大呼小叫的人，把好心情都弄没了。"后面的人也跟着抱怨起来。

夏小佐吐吐舌头,不说话了。柏丽尔也意识到影响了别人,心里充满了愧疚。接下来的时间,她安安静静地看电影,一句话也没说,连爆米花也没吃。

电影刚结束,柏丽尔"嗖"的一下就冲出了放映厅。夏小佐和夏小佑追出来,问:"你急什么,后面还有彩蛋呢!"

"我怕别人看清我的样子,"柏丽尔不好意思地说,"刚才太尴尬了,竟然所有人都指责我。

文明观影公约

1. 电影放映前10~20分钟入场，对号入座；
2. 不要携带有异味的食物；
3. 观影全程保持手机静音；
4. 不要在观影时讨论剧情；
5. 观影中不要嬉戏打闹；
6. 不要用手机拍摄或录制电影画面；
7. 观影时不要用脚踢、蹬前排座椅；
8. 观影中途如要去洗手间，应弯腰轻轻地走，不要影响他人；
9. 观影中产生的垃圾放入自备的垃圾袋，电影结束后自觉带离影院或送入垃圾箱中；
10. 影片结束后有序离场，不拥堵通道、出口。

唉，好丢人啊！你们可千万不要把这件事告诉同学和老师啊！"

"我才不会那么傻，"夏小佐调皮地说，"因为我也大声说话了。"

"以后注意就行了，快点儿回家吧！"

夏小佑拉着他们的手，走出电影院，上了一辆公交车。公交车上人不是很多，他们在最后一排坐了下来。

一站地之后，有两个大哥哥上了公交车，他们每人拿着一部手机，坐在座位上以后，就开始打游戏。他们的手忙碌地在屏幕上按着，嘴巴也不停地交流着。

"加速！超过他！"

"你怎么这么笨，快发射啊！"

"哎呀！"

他们说话的声音非常大。一位抱着孩子的阿姨提醒他们："请你们小声一点儿，我的孩子刚睡着。这里是公共场合，你们这样大声吵闹不合适！"

两个大哥哥好像没听见，继续旁若无人地玩闹着。阿姨怀里的孩子不安地扭动了一下身体，快要被吵醒了。

柏丽尔看不下去了，她来到两个大哥哥身边，

把食指放在嘴唇上小声说："嘘，大哥哥，请不要在公共场合大声喧哗，这样做不文明。"

两个大哥哥愣了一下，羞愧地低下头不再大声说话了。抱孩子的阿姨和其他乘客纷纷微笑着冲着柏丽尔竖起大拇指，向她表示感谢。

柏丽尔乐颠颠地回到座位上，夏小佑轻声说："你刚才说话的声音真好听。"

"嗯，像百灵鸟在唱歌。"夏小佐也夸赞道。

"是吗？嘻嘻……"柏丽尔轻声笑了起来。

老师说

请你想一想,如果你正在电影院里安安静静地看电影,有人在旁边大吵大闹,你的心情会怎么样?肯定会很糟糕吧!所以,千万不要在公共场合大声喧哗,影响别人。

故事 5

"人来疯"夏小佐

"小佐、小佑,快起床!你们的平平阿姨要来咱家做客了!"夏小佐的妈妈一大早就大呼小叫的,把一家人全都喊了起来。

她口中的这个平平阿姨,是她大学时最好的朋友,两个人住在一个宿舍的上下铺,一起吃饭,一起逛街,一起看着偶像剧流眼泪,就像亲姐妹一样!可惜的是,平平阿姨毕业后就出国了。从那时起，两个好姐妹再也没有见过面，十多年来只能通过电话联系。

今天早晨，平平阿姨突然来电话，说自己回国了，要来看望夏小佐的妈妈。夏小佐的妈妈激动得又蹦又跳，像个孩子一样。

"打扫卫生，买两束鲜花，再给平平买个礼物，对，我还要亲手给她做一顿大餐，让她尝尝我的手艺，还要让她在咱家住一个晚上，我们要好好聊聊。"

这一天，妈妈手忙脚乱，准备了整整一天。

傍晚，平平阿姨来了。她长着一双闪闪发光的大眼睛，留着一头卷卷的长发，看起来神采飞扬。

"小佐、小佑，你们比照片

上还可爱。"平平阿姨热情地和兄妹俩打招呼,并拿出了提前准备好的礼物。

夏小佐非常喜欢这个既漂亮又热情的阿姨,赶忙把自己最喜欢的机器人拿出来,对平平阿姨说:"阿姨,这是我最喜欢的机器人,它会唱歌、翻跟头,还会唱京剧呢!"说着,他打开机器人身上的开关,让机器人唱京剧。

"小佐，关上机器人，"爸爸对夏小佐摇摇头说，"妈妈和平平阿姨很长时间没见面了，一定有很多话要说。"

"对啊，我有一肚子话要和平平说呢！"妈妈拉住平平阿姨的手，回忆起她们的大学岁月来。

可是，她们刚说了两句，夏小佐又跑到平平阿姨面前说："阿姨，我会翻跟头，你看！"说着，他在地上翻起了跟头。翻完跟头，他变得更兴奋了，一会儿拉着平平阿姨去他的房间玩积木，一会儿又给平平阿姨讲学校里的趣事。平平阿姨不好意思拒绝，只能笑眯眯地跟着他跑来跑去。夏小佑好奇地问妈妈："哥哥今天怎么这么兴奋啊？"

"他这是典型的人来疯!"妈妈没好气地说了一声,转身钻进厨房去做饭了。

为了欢迎平平阿姨,妈妈使出看家本领,做了一大桌子美味佳肴。吃饭的时候,妈妈想和平平阿姨说几句话,但总是被夏小佐打断。妈妈非常生气,但又不好意思在平平阿姨面前批评夏小佐,破坏了欢乐的气氛,只能偷偷安慰自己:"没关系,让平平在家里住一个晚上,我们可以聊到天亮。"

谁知,吃完晚饭,平平阿姨说:"我在国外还有一些急事需要处理,要赶晚上11点的飞机。所以,我现在得走了。"

"啊!"妈妈愣住了,呆呆地问,"现在……就要走了吗?"

"嗯!下次再见吧。"

平平阿姨给了妈妈一个大大的拥抱,依依不

舍地走了。

望着平平阿姨远去的背影,妈妈遗憾地说:"我还有很多很多话,没来得及和平平说呢。我们已经有十多年没见面了,多么难得的相聚啊!可是……"妈妈看了夏小佐一眼说:"你这个人来疯啊,把我们相聚的时间都霸占了。"

"啊?"夏小佐吃了一惊,"我太喜欢平平阿姨了,所以没有控制住。下次,我一定把时间都留给你和平平阿姨,再也不人来疯了。"

"下次相聚还不知道什么时候呢!"妈妈无奈地叹了口气,话语中充满了失落。

夏小佐看着妈妈的样子,心里后悔极了。

老师说

热情好客是一种很好的品质，但如果你的热情已经打扰到别人，或者给别人造成了困扰，那就会惹人生厌了。礼貌待客，有礼有节，不做"人来疯"，才是一个合格的小主人。